AF509285

NOUVEAU
MODÈLE DE NAVISPHÈRE

INSTRUCTION POUR SON USAGE

NOUVEAU
MODÈLE DE NAVISPHÈRE

INSTRUCTION POUR SON USAGE

PAR

E. PERRIN

CAPITAINE DE VAISSEAU

(Extrait des *Annales hydrographiques*, 1903)

PARIS

IMPRIMERIE NATIONALE

1903

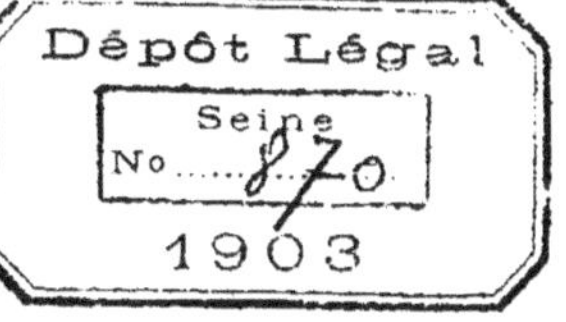

RECOMMANDATIONS ESSENTIELLES.

Sortir le navisphère de la boîte en tirant sur le bouton fixé au socle en bois et ne jamais agir sur les branches de la monture métallique.

Avoir soin, quand on remet le navisphère dans la boîte, d'introduire le socle de façon que le bouton se trouve en face de l'ouverture.

NOUVEAU
MODÈLE DE NAVISPHÈRE.

INSTRUCTION POUR SON USAGE.

But et utilité du navisphère. — Le commandant de Magnac a donné le nom de navisphère à un instrument nautique ayant pour but de représenter la sphère étoilée telle qu'elle apparaît au navigateur à un instant déterminé de la nuit.

Le navisphère donne mécaniquement les noms, les hauteurs et les azimuts des astres observables à un moment donné et sert à résoudre, en quelques minutes, tous les problèmes de navigation dont il suffit d'avoir les résultats au degré près.

Il est surtout précieux pour les calculs de nuit, dont il facilite singulièrement la pratique; il permet en effet d'observer les étoiles et les planètes sans les connaître et dispense ainsi le navigateur de faire une étude approfondie des diverses constellations.

En raison de ces propriétés, le navisphère mérite de voir son emploi se généraliser dans la marine, et il est à souhaiter que le nouveau dispositif décrit dans cette notice contribue à vulgariser ce modeste instrument par les simplifications qu'il apporte à sa manœuvre et à son usage.

Description du navisphère. — Le modèle de navisphère que nous avons imaginé se compose de quatre parties principales :

1° Un globe céleste, en papier blanc très fort, sur lequel sont marqués les pôles, les cercles horaires de 2 en 2 heures, l'équateur céleste gradué de 4 en 4 minutes de temps et l'écliptique divisée en degrés. Les étoiles des trois premières grandeurs y sont figurées par des cercles noirs de dimensions proportionnelles à leur éclat respectif; un point blanc au centre du cercle indique la position exacte de l'astre. Ce globe céleste est absolument libre et peut occuper une position quelconque dans son support.

2° Un grand cercle métallique, dit *cercle horizon*, dans lequel le globe céleste entre à frottement doux [1] et qui est fixé à demeure sur une plan-

---

[1] Le pourtour intérieur du cercle horizon est, en effet, garni de drap pour empêcher tout ballottement du globe céleste.

chette en bois. Le pourtour extérieur du cercle horizon est gradué en degrés, de 0° à 90° à partir du Nord et du Sud vers l'Est et l'Ouest.

3° Une petite calotte sphérique dite *rondelle de réglage*, qui sert de support au globe céleste; on peut, à l'aide d'un pas de vis, l'exhausser ou l'abaisser, de façon que le plan supérieur du cercle horizon coupe exactement le globe en deux parties égales.

On s'assure que cette condition est remplie en faisant affleurer l'arête supérieure du cercle horizon tout autour de l'équateur ou d'un méridien quelconque du globe céleste. Ce réglage se fait une fois pour toutes, de façon à réaliser le mieux possible la condition indiquée pour des positions symétriques du globe dans son support.

4° Un quart de cercle en métal ou équerre sphérique mobile, dont l'arête taillée en biseau est graduée en degrés, de 0° à 90°. Cette équerre porte un talon à l'aide duquel on peut la faire mouvoir sur le cercle horizon, de façon à lui faire successivement occuper toutes les positions des différents verticaux de la sphère céleste.

En dessous du cercle horizon, un peu à droite du Nord et du Sud, une languette élastique, pouvant tourner de 90° autour d'un pivot, permet de fixer momentanément l'équerre devant le trait Nord ou le trait Sud, de manière que son arête figure un quart du cercle méridien.

Avantages du modèle actuel. — Toutes les parties fixes de ce nouveau dispositif se trouvant au-dessous du cercle horizon, ce modèle de navisphère offre l'avantage précieux qu'aucune portion du ciel étoilé visible à un instant déterminé, n'est jamais masquée, comme cela arrive dans le navisphère de Magnac. En outre, tout le pourtour du cercle horizon étant immédiatement accessible à l'équerre mobile, il n'y a pas ici à effectuer les déplacements et retournements que nécessite le métrosphère pour passer de l'examen de la région Est du ciel à la région Ouest, et réciproquement; c'est encore là une commodité qui se traduit par un gain de temps fort appréciable, ainsi que le montre l'expérience comparative des deux instruments.

USAGE DU NAVISPHÈRE.

Disposer le navisphère. — La première opération à faire est de disposer le globe dans sa monture, de façon qu'il représente la sphère céleste telle qu'elle serait vue de l'extérieur pour la latitude et l'heure sidérale du bord[1] au moment de l'observation.

On y arrive comme il suit :

1° Placer le pied de l'instrument de manière à avoir devant soi le point Nord ou Sud de l'horizon de nom contraire à la latitude;

---

[1] L'heure sidérale du bord s'obtient par l'une des deux formules suivantes, en y faisant la somme algébrique des quantités indiquées, prises à la demi-minute près.

2° Fixer en ce point l'équerre à l'aide de la languette;

3° Faire tourner le globe entre les deux mains et amener dans le vertical de l'équerre le cercle horaire (généralement non tracé)[1] qui correspond à l'heure sidérale de l'observation, en plaçant l'équateur sous la graduation de l'équerre représentant la colatitude du lieu.

On vérifie que le cercle horaire en question coïncide bien avec le méridien, en s'assurant que l'équateur passe par les points Est et Ouest de l'horizon, et qu'il y a exactement 6 heures de différence entre le temps sidéral de l'observation et les deux graduations horaires correspondant aux intersections de l'équateur avec l'horizon. Une seconde vérification consiste à mesurer avec l'équerre la hauteur du pôle élevé qui doit être égale à la latitude. En cas de divergences[2], on rectifie par petits mouvements la position du globe céleste, de manière à réaliser simultanément le mieux possible les diverses conditions indiquées.

Exemple. — Disposer le navisphère pour 49° de latitude Nord et $19^h 28^m$ de temps sidéral.

Mettre devant soi le point Sud de l'horizon et y fixer l'équerre; puis, amener dans son vertical le cercle horaire $19^h 28^m$, en plaçant l'équateur sous la graduation 41° de l'équerre.

S'assurer que l'équateur passe par les points Est et Ouest de l'horizon et que les graduations horaires correspondant à ces points ont pour va-

Si la montre d'habitacle a été réglée à midi sur le temps vrai local, on a :

$$
\text{Heure sidérale du bord} = \begin{cases} \text{Heure vraie astronomique du bord, c'est-à-dire comptée} \\ \quad \text{de } 0^h \text{ à } 24^h \text{ à partir de midi.} \\ \pm \text{ Changement en longitude en temps depuis midi } (+ \text{ s'il} \\ \quad \text{est Est, } - \text{ s'il est Ouest).} \\ + \text{ Ascension droite du soleil à midi vrai de Paris.} \\ + \text{ Correction pour heure approchée de Paris (environ} \\ \quad \text{1 minute par 6 heures écoulées depuis midi à Paris).} \end{cases}
$$

Si la montre d'habitacle est réglée sur le temps moyen de Paris ou si l'heure de l'observation a été notée au compteur, on a :

$$
\text{Heure sidérale du bord} = \begin{cases} \text{Heure moyenne astronomique de Paris, c'est-à-dire comp-} \\ \quad \text{tée de } 0^h \text{ à } 24^h \text{ à partir de midi.} \\ \pm \text{ Longitude estimée en temps } (+ \text{ si elle est Est, } - \text{ si} \\ \quad \text{elle est Ouest).} \\ + \text{ Temps sidéral à midi moyen de Paris.} \\ + \text{ Correction pour heure moyenne de Paris (1 minute} \\ \quad \text{par 6 heures).} \end{cases}
$$

[1] Cette opération se fait à vue d'après la direction des cercles horaires voisins marqués sur le globe.

[2] Les divergences, qui seront toujours assez faibles, peuvent provenir soit d'un léger défaut de sphéricité du globe, soit plutôt de la déformation des fuseaux de papier entrant dans la confection de la sphère, soit aussi d'un défaut de perpendicularité de l'équerre, soit enfin d'une mauvaise position de la rondelle de réglage. Les vérifications indiquées ont pour but d'atténuer le plus possible l'influence de ces diverses causes d'erreurs.

leurs respectives 1ʰ 28ᵐ et 13ʰ 28ᵐ. Vérifier avec l'équerre que la hauteur du pôle est bien de 49°. Rectifier, s'il y a lieu, la position du globe, en partageant par moitié les divergences constatées.

Mesures des hauteurs et des azimuts. — La position du globe ayant été bien vérifiée et rectifiée, il suffit, pour avoir à la fois la hauteur et l'azimut d'une étoile quelconque, de faire mouvoir l'équerre sur le cercle horizon et d'en amener l'arête graduée à bissecter le cercle blanc représentant la position de cette étoile.

L'équerre matérialise ainsi le vertical de l'astre. Par suite, la graduation de l'équerre la plus voisine de l'étoile considérée en indique la hauteur et la graduation du cercle horizon en regard du pied de l'équerre en donne l'azimut. Ce dernier élément se compte de 0° à 90° à partir du méridien, et reçoit les noms des deux points cardinaux les plus voisins du pied du vertical.

Avec un navisphère bien disposé, on peut obtenir la hauteur et l'azimut au demi-degré près[1].

Exemple. — Le navisphère ayant été disposé pour 49° de latitude Nord et 19ʰ 28ᵐ de temps sidéral, on voit immédiatement avec l'équerre que α Bouvier (Arcturus) est à 22° de hauteur dans le N. 85° O. vrai.

Emploi du navisphère pour le soleil, la lune et les planètes. — On peut utiliser le navisphère pour la détermination des hauteurs et des azimuts du soleil, de la lune et des planètes, à condition de marquer préalablement au crayon sur le globe les positions de ces astres mobiles.

Pour le soleil, on fait un trait sur l'écliptique au point correspondant à la longitude de cet astre donnée par la *Connaissance des temps*. L'intersection de ce trait avec l'écliptique représente, à la précision que comporte l'emploi du navisphère, la position du soleil pendant 6 heures avant et 6 heures après l'instant auquel se rapporte la longitude considérée.

Quant à la lune et aux planètes, on les place sur le navisphère à l'aide de leurs coordonnées équatoriales, ascension droite et déclinaison, données par la *Connaissance des temps*. A cet effet, on applique l'équerre sur le globe céleste, en mettant la graduation 0° sur le point de l'équateur correspondant à l'ascension droite de l'astre et la graduation 90° sur le pôle céleste de même nom que la déclinaison; puis on fait une légère marque au crayon (petit cercle ou croix) en regard de la graduation de l'équerre correspondant à la déclinaison de l'astre.

---

[1] Pour arriver à cette précision, il peut y avoir lieu de tenir compte du changement survenu dans les positions absolues des étoiles sur le globe céleste par l'effet de la précession des équinoxes. Ce phénomène se traduit surtout par une *augmentation générale d'ascension droite des étoiles*, augmentation dont la valeur moyenne est de trois secondes par an. On y aura égard en diminuant l'heure sidérale pour laquelle on doit disposer le navisphère d'une demi-minute par chaque dizaine d'années écoulée depuis la date correspondant à la confection de la carte céleste imprimée sur le globe de l'instrument.

La position de la lune ainsi déterminée est utilisable 2 heures avant et 2 heures après l'heure pour laquelle on a pris les éléments lunaires.

La position de la planète peut servir toute la nuit.

APPLICATIONS DIVERSES.

Quand on sait disposer le navisphère pour une latitude et une heure sidérale données, on est en mesure de résoudre par son emploi divers problèmes dont les principaux sont les suivants :

PROBLÈME I. — Choisir *à priori* les étoiles à observer par nuit claire dans un but déterminé.

Connaissant la route et la vitesse du navire, on fixe d'abord l'heure approchée de la nuit à laquelle il convient d'observer suivant le but qu'on se propose : atterrir sur un phare, donner dans une passe, doubler un danger, ne pas franchir une limite déterminée, etc. Puis on fait, pour l'heure choisie, le point estimé par avance et on dispose le navisphère pour la latitude et l'heure sidérale correspondantes, la latitude étant prise au quart de degré et l'heure sidérale à la minute près.

Toutes les étoiles qui se trouvent au-dessus du cercle horizon seront au-dessus de l'horizon du bord à l'heure considérée. D'autre part, l'examen rapide des coordonnées des planètes fait connaître celles d'entre elles qui seront visibles au même moment et dont il y a lieu de porter la position sur le globe céleste. On peut alors dégrossir et faciliter l'observation des astres pour l'heure choisie, en mesurant avec l'équerre la hauteur et l'azimut de ceux qui paraissent favorablement placés pour le but à atteindre, et on en prend note.

S'il s'agit uniquement d'obtenir la latitude, on recherche les étoiles voisines du méridien; si l'on tient, au contraire, à connaître la longitude, on choisit les étoiles voisines du premier vertical. Enfin, pour avoir le point complet, on prend des étoiles situées dans ces deux directions cardinales, ou dans des azimuts faisant entre eux des angles de 40° à 50° au moins et de 130° à 140° au plus.

On a généralement intérêt à obtenir une droite de hauteur parallèle à la route suivie, à une ligne déterminée, ou dirigée dans le sens de la route à faire. Il suffit pour cela de disposer l'équerre dans les deux azimuts perpendiculaires à la direction de la droite cherchée et de noter les hauteurs et azimuts des astres qu'on trouve dans le voisinage de l'arête graduée. Il est prudent, pour avoir un contrôle des observations et des calculs, de prendre une étoile dans les environs de chacun de ces azimuts opposés.

Pour être observables dans de bonnes conditions, les hauteurs des astres choisis ne doivent pas être inférieures à 4° ou 5°, ni supérieures à 65° ou 70° [1].

---

[1] En dessous de 5°, les éléments météorologiques ont trop d'influence sur la valeur de la réfraction pour qu'on puisse ne pas tenir compte des indications du thermomètre et

Dans le cas où l'on ne trouve aucun astre (étoile ou planète) répondant d'une façon satisfaisante aux desiderata voulus, le navisphère permet de reconnaître à vue s'il faut avancer ou retarder l'heure primitivement choisie pour améliorer les conditions de l'observation. En faisant, en effet, tourner le globe céleste autour de la ligne des pôles, dans un sens ou dans l'autre, sans changer de latitude, on voit immédiatement les modifications que subit l'état du ciel et, après quelques tâtonnements, on en conclut l'heure la plus favorable aux observations.

Exemple. — Le 10 avril 1902, allant de Marseille à Tabarca (Tunisie), on compte doubler entre 3 et 4 heures du matin l'écueil des Sorelles, situé par 37° 24′ N. et 6° 16′ E. Pour savoir si la route suivie (S. 23° E. vrai) passe à distance suffisante de ce danger, on se propose d'observer vers minuit, temps moyen de Paris, heure à laquelle on sera par 38° N. et 6° E. Choisir les astres observables à ce moment-là.

On calcule d'abord, comme l'indique la note de la page 7, l'heure sidérale correspondant au moment présumé de l'observation, savoir :

Heure moyenne astronomique de Paris	$12^h\,00^m$
Longitude Est (réduite en temps)	$+\quad 0\ 24$
Temps sidéral à midi le 10 avril	$+\quad 1\ 11$
Correction pour l'heure de Paris	$+\quad 0\ 02$
Heure sidérale du bord	$13^h\,37^m$

Le navisphère, étant alors disposé pour 38° de latitude Nord et $13^h\,37^m$ de temps sidéral, fournit les indications suivantes relatives aux étoiles observables :

NOM DES ÉTOILES.	HAUTEURS.	AZIMUTS.
α Cygne (Deneb)	17°	N. 45° E.
α Lyre (Véga)	34°	N. 64° E.
α Scorpion (Antarès)	15°	S. 38° E.
α Vierge (l'Épi)	41°	S. 6° O.
α Hydre (Alphard)	15°	S. 66° O.
α Lion (Régulus)	36°	S. 76° O.
β Gémeaux (Pollux)	17°	N. 68° O.
α Gémeaux (Castor)	18°	N. 63° O.
α Cocher (la Chèvre)	6°	N. 34° O.
α Petite Ourse (Polaire)	37°	Nord.

En consultant d'autre part les éphémérides des quatre planètes observables au sextant : Vénus, Mars, Jupiter et Saturne, on reconnaît qu'aucune d'elles ne sera sur l'horizon.

du baromètre, ce qui allonge le calcul. D'autre part, plus l'astre est près du zénith, plus il est difficile, la nuit, d'en bien observer la hauteur, par suite du peu de visibilité de l'horizon, de l'étendue de l'arc décrit par l'image réfléchie de l'astre et de la grande mobilité apparente de cette dernière.

Si la nuit est claire, on observera de préférence α Lyre et α Hydre, qui donneront des droites sensiblement parallèles à la route suivie S. 23° E. Il suffira de prendre ensuite la Polaire, ou α Vierge, et α Gémeaux, α Scorpion, ou α Cocher, pour avoir des droites recoupant les deux premières dans d'excellentes conditions.

Problème II. — Reconnaître un astre dont on a observé la hauteur par un ciel nuageux.

Il arrive souvent, par ciel nuageux, d'observer la hauteur d'un astre sans pouvoir le reconnaître. Dans ce cas, il est prudent d'en prendre le relèvement au compas ou au taximètre immédiatement après l'observation. Ce relèvement, corrigé de la variation, donne l'azimut vrai correspondant de l'astre.

Après avoir disposé le navisphère pour la latitude et l'heure sidérale de l'observation, il suffit de placer l'arête graduée de l'équerre sur cet azimut ou dans ses environs, puis de chercher quelle est l'étoile la plus voisine [1] de la hauteur observée et dont la grandeur correspond à l'éclat de l'astre inconnu.

Si l'on ne trouve pas d'étoile satisfaisant aux conditions voulues, on marque légèrement au crayon sur le globe le point correspondant à la hauteur et à l'azimut observés [2]. Puis, faisant passer l'arête graduée de l'équerre par ce point et par le pôle de l'hémisphère où il se trouve, on lit sur l'équateur l'ascension droite de l'astre inconnu et sur la graduation de l'équerre sa déclinaison. En consultant alors les éphémérides des quatre planètes observables au sextant : Vénus, Mars, Jupiter et Saturne, on en conclut celle qui a été observée [3].

Avec le navisphère, le relèvement de l'astre au compas n'est pas absolument indispensable pour en opérer la reconnaissance. On peut toujours estimer, à 2 quarts près, l'angle que fait avec la quille le vertical dans lequel on observe la hauteur, et, en combinant cet angle avec la route vraie du navire, on en déduit l'azimut grossièrement approché de l'astre. Il est en général assez rare de trouver, à moins de 20° de cet azimut, plus d'une étoile répondant à la fois à la hauteur et à l'éclat de l'astre observé.

Exemple. — Le 10 avril 1902, à 11ʰ 53ᵐ du soir, temps moyen de Paris, étant environ par 38° N. et 6° E., on a observé 31° 19′ pour hauteur d'une

---

[1] En supposant le navisphère bien disposé, on doit retrouver au demi-degré près la hauteur observée; mais il ne faut pas compter sur une approximation de plus de 2° ou 3° pour l'azimut vrai déduit du compas ou du taximètre, tant à cause de l'incertitude de la variation que de la difficulté de relever un astre la nuit, surtout s'il est un peu élevé sur l'horizon.

[2] L'astre inconnu ne pouvant alors être qu'une planète, ce point doit être assez voisin de l'écliptique; s'il en était éloigné de plus d'une dizaine de degrés, c'est qu'une erreur quelconque aurait été commise dans les opérations.

[3] L'aspect physique des planètes suffit souvent à les faire reconnaître. Elles se différencient en effet des étoiles par l'absence de scintillation et par les caractères particuliers suivants : Mars offre une apparence rougeâtre, Saturne une couleur terne et plombée, Jupiter et Vénus brillent d'un vif éclat, mais Vénus ne s'écarte jamais à plus de 48° du soleil.

étoile de 2ᵉ à 3ᵉ grandeur, qu'on relevait au S. 78° E. vrai. On demande le nom de cet astre.

La date et la position du navire étant les mêmes que dans l'exemple précédent, on voit immédiatement que l'heure sidérale du bord au moment de l'observation est 13ʰ 30ᵐ. Après avoir disposé le navisphère pour cette heure et 38° N., on reconnaît, en faisant mouvoir l'équerre dans les environs du S. 78° E., que l'astre cherché est α Ophiuchus, étoile de 2ᵉ à 3ᵉ grandeur, ayant pour hauteur 31 degrés et pour azimut S. 80° E., à 2 degrés près du relèvement observé.

Pʀᴏʙʟèᴍᴇ III. — Déterminer la variation du compas.

Il suffit pour cela de comparer le relèvement de l'astre au compas avec son azimut vrai donné par le navisphère.

Pour plus d'exactitude, il est bon de relever, en moins de 7 ou 8 minutes, plusieurs étoiles réparties aussi également que possible sur l'horizon et assez basses pour être facilement observées au compas. On dispose alors le navisphère pour la latitude estimée et l'heure sidérale correspondant à la moyenne des heures notées au compteur ou à la montre d'habitacle; puis on mesure les azimuts vrais des étoiles relevées et on en conclut autant de variations que de relèvements. Si les nombres trouvés diffèrent peu les uns des autres, on en fait la moyenne, qu'on adopte comme variation pour le cap auquel on a observé.

Il n'est pas nécessaire de connaître au préalable tous les astres qu'on a relevés, s'ils paraissent être de première grandeur; il suffit d'être sûr du nom d'un seul d'entre eux. Le relèvement de ce dernier comparé à son azimut fournit une valeur très approchée de la variation. En corrigeant avec cette valeur les autres relèvements, on obtient les azimuts vrais approchés des astres inconnus et on en conclut leurs noms, comme dans le problème précédent, en s'aidant de l'estimation à vue[1] de leurs hauteurs, ou en comparant simplement entre elles les positions et les grandeurs relatives des étoiles voisines de ces azimuts marquées sur le navisphère.

Exemple. — Le 10 avril 1902, entre 11ʰ 56ᵐ et minuit, temps moyen de Paris, étant environ par 38° N. et 6° E., on a relevé au compas α Scorpion et trois autres étoiles assez brillantes, en notant leurs hauteurs à vue, savoir :

	RELÈVEMENTS AU COMPAS.	HAUTEURS À VUE.	HEURES.
α Scorpion............	S. 26° E.	12°	11ʰ 56ᵐ
1ʳᵉ étoile.............	N. 72° O.	3°	57
2ᵉ étoile.............	N. 20° O.	6°	59
3ᵉ étoile.............	S. 85° E.	3°	12 00

On demande la variation du compas.

La moyenne des heures d'observation des relèvements est 11ʰ 58ᵐ,

---

[1] Avec un peu d'habitude, cette estimation se fait à 6 ou 8 degrés près.

temps moyen de Paris, qui correspond à 13ʰ 35ᵐ, temps sidéral, pour la date et la position estimée du navire (les mêmes que dans les deux derniers exemples). Le navisphère, disposé pour 13ʰ 35ᵐ et 38° N., donne S. 38° E. pour l'azimut vrai d'Antarès, α Scorpion; d'où résulte 12° N. O. pour première valeur de la variation.

En corrigeant avec 12° N. O. les relèvements des trois autres étoiles, on obtient comme azimut vrai très approché de la première N. 84° O., de la seconde N. 32° O., et de la troisième N. 83° E. Plaçant successivement alors sur ces divers azimuts l'arête graduée de l'équerre et cherchant les astres voisins des hauteurs estimées à vue, on voit que l'on a relevé : α Petit Chien, α Cocher et α Aigle.

Si l'on prend maintenant sur le navisphère les azimuts vrais de ces étoiles et qu'on les compare à leurs relèvements au compas, on a :

	AZIMUT VRAI.	RELÈVEMENTS AU COMPAS.	VARIATION.
α Petit Chien	N. 85° O.	N. 72° O.	13° N. O.
α Cocher..............	N. 34° O.	N. 20° O.	14°
α Aigle..............	N. 82° E.	S. 85° E.	13°

La moyenne des quatre variations observées est 13° N. O., qu'on adoptera comme variation définitive.

Problème IV. — Déterminer l'angle de route initial à suivre pour aller d'un point à un autre par l'arc de grand cercle et mesurer la distance de ces deux points.

Pour résoudre ce problème à l'aide du navisphère, il faut marquer au crayon sur le globe céleste les positions relatives en latitude et en longitude des deux points considérés, ce qu'il est facile de faire au moyen de l'équerre.

Pour simplifier, on place le point de départ sur le méridien de o heure à la déclinaison correspondant en valeur et en signe à sa latitude. On porte ensuite le point d'arrivée à une distance de l'équateur égale à sa latitude, sur le méridien ayant pour ascension droite la différence en longitude des deux points. Puis on fait tourner la sphère dans son support, de façon que l'arête supérieure du cercle horizon passe exactement par les deux points marqués au crayon, en ayant soin de mettre le point de départ en face du trait Nord ou Sud du cercle horizon.

Pour avoir maintenant la valeur de l'angle de route à suivre, il suffit de mesurer avec l'équerre la hauteur du méridien de 0 heure (ou de 12 heures) au-dessus du point Est ou au point Ouest de l'horizon. Le sens dans lequel il faut compter cet angle est indiqué à vue par les positions relatives des deux points sur la terre. Enfin leur distance en milles s'obtient en multipliant par 60 le nombre de degrés du cercle horizon qui sépare les deux points au crayon.

Exemple. — Déterminer l'angle de route initial à suivre pour aller de Valparaiso à la pointe d'Akaroa (Nouvelle-Zélande) par l'arc de grand cercle et mesurer la distance de ces deux points.

Les positions géographiques des deux points considérés sont :

	LATITUDES.	LONGITUDES.
Valparaiso (point de départ).........	33° 2′ S.	74° 3′ O.
Akaroa (point d'arrivée).............	43°51′ S.	170°45′ E.
	Différence en longitude =	115°12′ = 7ʰ40ᵐ,8.

Sur le méridien de 0 heure on marque, à 33 degrés de l'équateur, dans l'hémisphère Sud, un point au crayon qui représente le point de départ (Valparaiso). Sur le méridien de 7^h41^m en ascension droite, on marque, à 44 degrés de l'équateur, dans l'hémisphère Sud, un second point au crayon destiné à représenter le point d'arrivée (Akaroa). Puis on dispose le globe dans son support, de façon que les deux points au crayon affleurent l'arête supérieure du cercle horizon, le point de départ étant en face du trait Sud.

Mesurant alors avec l'équerre la hauteur du méridien de 0 heure au-dessus du point Ouest de l'horizon, on obtient 41 degrés; par conséquent, l'angle de route à suivre est le S. 41° O. Enfin, les deux points se trouvant à 83 degrés l'un de l'autre sur le cercle horizon, leur distance est de $83 \times 60 = 4980$ milles.

PROBLÈME V. — Choisir les astres favorablement situés pour l'observation des distances lunaires.

La *Connaissance des temps* ne devant plus donner, à partir de 1905, de distances lunaires calculées à l'avance, il sera bon de recourir au navisphère quand on voudra faire des observations de l'espèce.

Dans ce but, il suffira de marquer sur le globe céleste, comme il est dit page 8, la position de la lune pour la date et l'heure approximative de Paris à laquelle on désire observer. Puis, en appliquant l'équerre sur le globe, on mesurera la distance de la lune aux étoiles les plus rapprochées, pourvu qu'elles soient assez voisines de l'écliptique pour se trouver sensiblement sur la trajectoire de notre satellite, ce que l'on reconnaîtra d'ailleurs plus sûrement en marquant les positions de la lune 12 heures avant et 12 heures après l'heure choisie.

Pour être avantageusement observables, les distances lunaires ne doivent pas être supérieures à 30 ou 40 degrés.

En cas de pénurie d'étoiles favorablement situées, on examinera les éphémérides des planètes Vénus, Mars, Jupiter et Saturne; puis on marquera sur le globe la position de celles d'entre elles dont l'ascension droite différerait de moins de 3 heures de l'ascension droite à la lune et on en prendra les distances à ce dernier astre avec l'équerre.

Exemple. — Préparer les distances lunaires à observer le 28 avril 1902, à minuit temps moyen de Paris.

A l'époque indiquée, la lune a 19^h5^m d'ascension droite et 17°,5 de déclinaison australe, ce qui correspond à une région de l'écliptique assez pauvre en étoiles brillantes. Par bonheur, les deux planètes Saturne et Jupiter sont assez voisines de la lune, car elles ont pour coordonnées :

$$
\begin{array}{lll}
\text{Saturne} \dots\dots\dots & \left\{ \begin{array}{l} \text{Ascension droite}\dots\dots\dots\dots & 19^\text{h}\ 59^\text{m} \\ \text{Déclinaison}\dots\dots\dots\dots & 20^\circ,6\,\text{A} \end{array} \right. \\
\text{Jupiter}\dots\dots\dots & \left\{ \begin{array}{l} \text{Ascension droite}\dots\dots\dots & 21^\text{h}\ 11^\text{m} \\ \text{Déclinaison}\dots\dots\dots\dots & 16^\circ,8\,\text{A} \end{array} \right.
\end{array}
$$

Ayant porté sur le globe les positions respectives de la lune, de Saturne et de Jupiter, on obtient :

$$
\text{Distances de la lune à} \left\{ \begin{array}{ll} \text{Antarès O}\dots\dots\dots\dots & 38^\circ \\ \text{Saturne E}\dots\dots\dots\dots & 13^\circ \\ \beta\ \text{Capricorne E}\dots\dots\dots & 17^\circ \\ \text{Jupiter E}\dots\dots\dots\dots & 30^\circ \end{array} \right.
$$

β *Capricorne* étant de troisième grandeur, sa distance à la lune sera sans doute difficile à observer.